SELECCIÓN

SALTEAR EN WOK

BLUME

Contenido

El arte del salteado oriental

Una vez haya preparado los ingredientes, el secreto del salteado consiste en incorporar los alimentos al wok cuando el aceite está muy caliente y removerlos constantemente.

El salteado es una forma rápida y saludable de preparar los alimentos. Esta técnica consiste en cocinar rápidamente los alimentos a fuego vivo con una cantidad mínima de aceite mientras se remueven constantemente en el wok. La preparación de los ingredientes es fundamental porque en cuanto empiece a cocinar no tendrá tiempo de cortar ningún otro ingrediente para añadirlo a la preparación ni podrá buscar en el armario otro frasco de salsa.

ACEITES

Utilice aceites con una temperatura crítica alta, es decir, la temperatura a partir de la que empiezan a quemarse y descomponerse, como por ejemplo el aceite de cacahuete. El aceite de oliva se puede utilizar para dar sabor a las ensaladas templadas cocinadas con este método. Si está siguiendo una dieta para reducir el nivel de grasa utilice un vaporizador de aceite.

INGREDIENTES

Pescados y marisco: Los mariscos son perfectos para este método de preparación. Las gambas, calamares y vieiras deben cocinarse el menor tiempo posible en el wok. No utilice pescados blandos para evitar que se rompan durante su preparación.

Carne y aves: La carne que debe utilizar para cocinar mediante este método no precisa mucho tiempo de cocción para quedar tierna. Debe cortarla en sentido contrario a la veta, en tiras o en trozos pequeños para que se cueza antes. Utilice muslos o pechugas de pollo. Adobar la carne o el pollo facili-

ta que la comida quede tierna y la carne absorba todos los sabores. Asegúrese de escurrir todo el adobo antes de saltear la preparación, de lo contrario la carne o el pollo se cocerán en lugar de freírse.

Hortalizas: El salteado tiene diversos efectos en los diferentes tipos de verduras y hortalizas. El fuego vivo carameliza sus azúcares y retiene la mayoría de las vitaminas y el color. Hortalizas como la coliflor, la patata y la zanahoria precisan un mayor tiempo de cocción y deben cortarse en trozos pequeños o en finas tiras, mientras que los guisantes, los espárragos y las setas deberán añadirse al final porque necesitan menos tiempo para cocerse. Los brotes de soja, hierbas y verduras, como el bok choy y las espinacas, deben añadirse casi al final porque si se echan antes corren el peligro de estropearse.

WOKS

Existen muchos tipos diferentes de wok. El tradicional está fabricado con acero al carbono. En su versión moderna, el wok puede ser de cobre, acero inoxidable, hierro colado y materiales antiadherentes. Compre el wok más pesado que encuentre, ya que retendrá mejor el calor sin llegar a quemar los ingredientes. También puede comprar un wok eléctrico, como el que puede ver en las fotografías incluidas en las recetas de este libro, que muestran los pasos a seguir. Este tipo de wok es antiadherente y mantiene el calor constante mediante un dispositivo eléctrico.

La forma del wok debe ser ancha y profunda, con paredes inclinadas y con el fondo redondo o amplio y plano. Debe tener

un diámetro de entre 30 y 35 cm, ya que en un wok amplio se pueden cocinar pequeñas cantidades de comida pero no al revés. Los woks de fondo plano sirven para cocinas eléctricas ya que pueden ponerse directamente sobre la placa (el anillo para wok hace que éste quede lejos de la fuente de calor y evita que se caliente lo suficiente como para saltear la comida). Algunas cocinas modernas cuentan con un quemador de gas más ancho para cocinar con wok.

Las tapas del wok son importantes porque pueden utilizarse para taparlo durante un par de minutos para poder cocinar ingredientes u hortalizas que precisen un mayor tiempo de cocción.

Si no tiene un wok puede utilizar una sartén grande y de fondo grueso para saltear, aunque deberá cocinar los ingredientes en pequeñas cantidades para evitar que se cuezan en lugar de freírse.

PREPARACIÓN DEL WOK

Los wok de acero vienen de fábrica con una capa de aceite que ha de quitarse con agua caliente y jabón antes de utilizarlos. Posteriormente el wok debe secarse y calentarse hasta que alcance una temperatura alta. Cuando empiece a calentarse, apliquele aceite vegetal con una brocha, retire el wok del calor y límpielo con una servilleta de papel hasta que esté seco (se irá ennegreciendo a medida que lo haga). Repita varias veces para preparar el wok para la cocción. Según vaya utilizando el wok, la capa creada con la preparación tomará consistencia, lo que provocará un oscurecimiento progresivo del mismo.

Para lavarlo quite cualquier resto de comida y use agua caliente y jabón. Seque el wok sobre el fuego para evitar que se oxide.

Los wok eléctricos deben lavarse con agua caliente y jabón y cubrirse con una fina capa de aceite. Debe utilizar utensilios de madera o plástico cuando cocine en un wok antiadherente para no rallar la superficie.

UTENSILIOS PARA COCINAR CON WOK

Para saltear existen el *sang* y el *charn* (espátulas con forma de pala o cuchara) de madera, metal o plástico, para remover la comida y seguir la forma del wok, que resultan ideales ya que son planas.

ARROZ

Si no tiene una olla eléctrica para cocer arroz, lo mejor es utilizar el método de la absorción. Necesitará una cacerola de fondo grueso, profunda con tapa. El arroz se extiende formando una fina capa de forma que los granos se cuecen uniformemente. Debe lavarlo en un colador bajo el chorro del agua fría hasta que ésta salga limpia. Por cada 200 g de arroz, ponga 1 ¼ tazas de agua. Espere a que el agua hierva, cierre la cacerola con la tapa y deje cocer a fuego muy lento 10 minutos. Retire la cacerola del fuego y déjela reposar tapada 10 minutos. Cuando la destape habrá agujeros de vapor en la superficie del arroz.

Si utiliza el método de absorción, el arroz estará cocido cuando en la superficie haya agujeros provocados por el vapor.

Los woks tradicionales o eléctricos son los más adecuados para saltear.

La capa de aceite de un wok nuevo debe retirarse antes de usarlo.

El wok se oscurecerá durante su preparación y a medida que se utilice.

5

Caliente el wok, añada el aceite dejándolo caer
por las paredes para recubrirlas.

Cuando el aceite esté muy caliente, añada los primeros
ingredientes y remueva.

Hay una serie de reglas básicas para cocinar siguiendo el método del salteado oriental:

- Lo más importante es tener todos los ingredientes preparados antes de empezar a saltear. Ponga los alimentos en diferentes cuencos en el orden en que debe agregarlos y prepare las cantidades exactas de ingredientes líquidos, pastas, salsas o maicena que va a utilizar. Cuando empiece a cocinar, no podrá detenerse para cortar un ingrediente sin que se estropeen los que ya están en el fuego.

- Corte la carne y las verduras en trozos pequeños del mismo tamaño. Cuanto más pequeños sean, más rápido se cocinarán.

- Elija hortalizas de colores atractivos que combinen con el resto de los ingredientes.

- Ponga el wok al fuego hasta que esté muy caliente antes de añadir el aceite. Cuando añada el aceite deslícelo por las paredes. El aceite comenzará a moverse cuando esté listo y chisporroteará cuando añada los primeros ingredientes.

- Escurra los alimentos adobados o marinados antes de cocinarlos y asegúrese de que las hortalizas estén bastante secas. Si algún líquido entra en contacto con el aceite antes que los ingredientes sólidos, salpicará.

Si fuese necesario saltee la carne por tandas para evitar que se cueza.

Remueva constantemente los alimentos para conseguir una cocción homogénea y evitar que se quemen.

- Añada los condimentos, como el jengibre y el ajo, primero, y luego añada los ingredientes que tardan más en cocerse, seguidos de los que tardan poco. Si va a preparar mucha cantidad, guise primero la carne por tandas y resérvela para que no se cueza. Los líquidos de sabor fuerte, como la salsa de soja, deben añadirse al final para evitar que las hortalizas queden blandas y aguadas.

- Remueva constantemente los ingredientes para conseguir una cocción homogénea y evitar que se quemen.

- Si un ingrediente empieza a quemarse, añada rápidamente el siguiente, ya que esto disminuirá la temperatura del wok.

- Si un ingrediente se está secando demasiado, añada un poco de agua.

- Sirva inmediatamente: ¡los salteados no esperan a nadie!

7

Glosario

Los salteados incluyen ingredientes frescos y sabores exóticos. Algunos productos como el bok choy y el mirin ya son populares y se encuentran con facilidad. Otros requerirán una visita a un establecimiento especializado en comida asiática.

CERDO CHINO A LA BARBACOA (CHAR SIEW)

Cerdo adobado con 5 especias, salsa de soja, azúcar, achiote y asado a la barbacoa.

CREPES PARA PATO DE PEKÍN

Tortitas redondas de harina que se sirven tradicionalmente con el pato al estilo Pekín. Se venden congeladas en los establecimientos especializados en productos asiáticos.

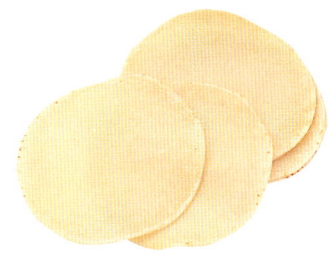

JUDÍAS NEGRAS

Judías negras saladas que pueden adquirirse en tiendas de alimentación asiática. Deben estar enteras y ser de color negro. Enjuáguelas con agua fría para eliminar el exceso de sal. Puede picarlas para conseguir un sabor más intenso.

SETAS NEGRAS

También conocidos como orejas de bosque o seta negra china, tienen un sabor parecido a los champiñones y una textura crujiente. Las setas negras secas deben remojarse en agua hirviendo 30 minutos antes de utilizarse.

BOK CHOY

El bok choy es una verdura con tallos blancos carnosos y hojas verde oscuro.

CHOY SUM

Repollo chino de tallos verdes y flores amarillas. Se suele confundir con el gai laan (brécol chino) que es muy parecido pero con flores blancas. Pueden intercambiarse en las recetas.

SALSA DE PESCADO

Esta salsa salada es inconfundible por su olor a pescado más fuerte que su sabor. Se suele utilizar como condimento al finalizar la cocción para equilibrar el sabor dulce y añadir sal.

GAI LAAN

Brécol chino o berza china de tallos suaves y redondos con hojas verde oscuro y pequeñas flores blancas. Los tallos son la parte que suele comerse.

HALOUMI

Queso salado suave procedente de Chipre elaborado con leche de cabra, oveja o vaca. Se vende en bloques que pueden cortarse en dados o tiras que posteriormente se frien o cocinan al grill hasta que están dorados. Es delicioso en ensaladas o con hortalizas salteadas.

SALSA HOISIN

Salsa espesa de color marrón rojizo elaborada a base de judías de soja, ajo, azúcar y especias. Tiene un sabor especiado y dulzón. Se utiliza para cocinar y como salsa para mojar.

PASTA DE SOJA PICANTE

Elaborada a partir de judías de soja fermentadas y chile; esta salsa puede ser muy picante por lo que debe emplearse con moderación.

LIMAS Y HOJAS DE LIMA KAFFIR O CAFRE

Las limas kaffir tienen una piel nudosa que se puede rallar (el jugo no se utiliza). Las hojas se emplean enteras o a tiras muy finas para añadir un sabor cítrico a los platos. Pueden encontrarse frescas o secas (las secas deben ponerse en remojo).

9

KECAP MANIS

Salsa de soja dulce muy espesa y dulce procedente de Indonesia. Se utiliza como condimento o como ingrediente en las salsas para remojar.

MIRIN

Este vino de arroz de baja graduación, elaborado a partir del sake, se emplea en la cocina japonesa en platos como el yakitori y el teriyaki. Su contenido en azúcar contribuye al glaseado de los alimentos al cocinarlos. Utilice mirin puro, ya que algunas marcas son un tipo de condimento dulce al que se han añadido sal y jarabe de maíz. Si no encuentra mirin, utilice jerez seco.

SETAS

Shiitake, orellanas, *shemiji*, *enoki*... o agujas doradas son sólo algunas de las setas que se utilizan en la cocina asiática. Se pueden encontrar frescas en los mercados. Las setas de paja de arroz, que se cultivan sobre paja, tienen un sombrero redondo pero no tienen pie de guante sin tallo; se venden enlatadas y poseen un ligero sabor a moho.

AZÚCAR DE PALMA

Azúcar aromático con sabor a caramelo que se extrae de la savia de la palma de azúcar. Se vende en bloque o en tarros en distintos colores. Se puede sustituir por azúcar moreno.

VINO DE ARROZ (*SHAO HSING*)

Vino añejo chino para cocinar. Por su color ámbar y su sabor, parecido al jerez, se puede utilizar como sustituto. No confundirlo con el vinagre de vino de arroz.

SAMBAL OELEK

Pasta de chile picante elaborado con chiles, sal y vinagre, que normalmente contiene las semillas del chile. Una cucharada de *sambal oelek* añade picante a cualquier plato.

SALSA DE SOJA

Salsa de soja ligera y salada que se utiliza en la cocina asiática para realzar el sabor de los platos.

PASTA DE GAMBAS

Este condimento de sabor muy acre se elabora con gambas fermentadas y se vende en forma de pasta o en bloque. Debe cocinarse antes de su consumo para que libere su aroma. Consérvela bien envuelta en un recipiente hermético.

PIMIENTA DE SICHUÁN

Pequeña baya roja que no tiene relación con la pimienta. Es aromática y uno de los ingredientes del polvo de cinco especias. Tueste las semillas negras para extraer todo su sabor antes de utilizarlas en una receta.

TAMARI

Salsa de soja japonesa de sabor fuerte y color oscuro elaborada con arroz en lugar de trigo. Se puede utilizar como condimento o como salsa para remojar.

11

Fideos

FIDEOS FRESCOS DE HUEVO

Elaborados con huevos y harina de trigo. Deben cocerse en agua hirviendo antes de usarlos. Refrigérelos hasta el momento de utilizarlos.

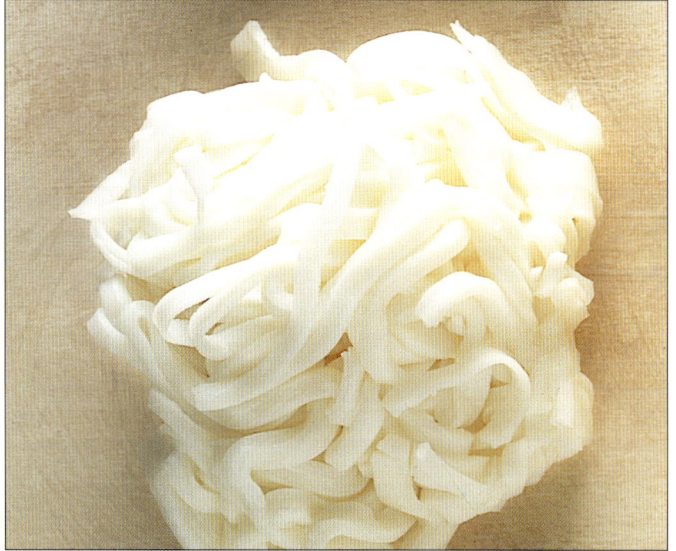

FIDEOS FRESCOS DE ARROZ

Pueden ser gruesos o finos, o presentarse en forma de láminas que pueden cortarse en el ancho deseado. Estos fideos de arroz de color blanco se cuecen al vapor y se aceitan ligeramente antes de envasarlos, por lo tanto están listos para usar. Deben estar a temperatura ambiente en el momento de emplearlos ya que se endurecen durante la refrigeración.

FIDEOS HOKKIEN

Estos fideos gruesos de color amarillo se elaboran con huevo y harina de trigo. Están precocinados y ligeramente aceitados por lo que se encuentran listos para usar. Consérvelos en el frigorífico hasta que los vaya a utilizar, momento en el que puede separarlos y añadirlos al plato.

FIDEOS SECOS DE ARROZ

De aspecto similar a los *fettucine*, estos fideos lisos transparentes se suelen utilizar en los platos salteados. Se venden envasados. Antes de utilizarlos, sumérjalos en agua caliente.

FIDEOS SOBA

Especialidad del norte de Japón elaborada con harina de alforfón y/o harina de trigo. Se pueden servir fríos o calientes. Absorben bien los sabores y son apropiados para platos fuertemente aliñados.

FIDEOS INSTANTÁNEOS

Existen distintas marcas en los supermercados. Están elaborados con harina de trigo y son muy rápidos de preparar.

VERMICELLI (SECOS)

Se vende en bloques de fideos transparentes finos que deben remojarse en agua hirviendo o hervirse hasta que estén blandos y secarse bien antes de usarlos.

FIDEOS UDON

Fideos japoneses de harina de trigo blancos, redondos o planos, que pueden encontrarse tanto secos como frescos. Cuando se preparan se convierten en fideos resbaladizos y gruesos con una textura única.

13

Arroz

BASMATI

Arroz de grano largo y fragante que no se apelmaza cuando se hierve. Es un arroz muy aromático que complementa a la perfección los sabores de la cocina asiática. El arroz basmati crece en la India, en las laderas del Himalaya y en los últimos años se ha vuelto muy popular en todo el mundo. Normalmente se utiliza en *birianis* y *pilats* a los que se añade azafrán para dar color y sabor al plato.

ARROZ INTEGRAL

Arroz al que no se le ha retirado el salvado y que, por ese motivo, es muy apreciado por sus propiedades nutricionales. Su preparación es mucho más lenta que la del arroz blanco ya que el agua tarda mucho en traspasar la capa de salvado.

14

ARROZ TAILANDÉS DE JAZMÍN

Variedad de grano largo, fragante y blanco que se utiliza en todo el sudeste asiático. Suele prepararse al vapor o mediante el método de la absorción. El arroz de jazmín se sirve como acompañamiento en todas las comidas de la cocina tailandesa.

ARROZ BLANCO DE GRANO LARGO

Este tipo de arroz es el preferido en China, quizá debido a la insistencia de Confucio por comer el arroz más blanco posible. Se cultiva en la región de los monzones del sudeste asiático y se conoce como «arroz de agua». Este tipo de arroz ha sido procesado para eliminar la cáscara exterior y el salvado, y después pulido hasta estar blanco y brillante.

ARROZ SILVESTRE

El arroz silvestre posee un ligero sabor a frutos secos y es rico en proteínas. Sus granos largos de color marrón oscuro proceden de una planta acuática que crece en la región de los grandes lagos de América del Norte, donde era cultivado originariamente por los indios chippewa y cosechado a mano, aunque ahora este proceso se ha mecanizado. Este arroz posee un delicioso sabor y una textura inconfundible. Debe lavarse bien antes de utilizarlo y se puede comprar en paquetes pequeños debido a su elevado precio en comparación con otros arroces. Hoy en día se vende mezclado con arroz integral.

15

Buey salteado con espinacas

TIEMPO DE PREPARACIÓN: 20 minutos

+ 2 horas de adobo

TIEMPO DE COCCIÓN: 15 minutos

Para 4 personas

500 g de cadera o lomo bajo de buey
  cortado en tiras finas
60 ml de salsa de chile dulce
2 cucharadas de salsa de soja
1 diente de ajo picado
2 cucharaditas de jengibre fresco rallado
1 cucharada de jerez
aceite para saltear
2 cebollas cortadas en gajos
500 g de hojas de espinacas en tiras

1 Mezcle la carne con la salsa de chile dulce, la salsa de soja, el ajo, el jengibre y el jerez. Tape y refrigere como mínimo 2 horas o de preferencia toda la noche.

2 Escurra la carne. Ponga el wok al fuego hasta que esté muy caliente, vierta 1 cucharada de aceite dejándolo caer por las paredes. Saltee la carne por tandas a fuego vivo hasta que esté dorada, añadiendo más aceite si fuese necesario. Retírela del wok y resérvela.

3 Vuelva a calentar el wok, añada 1 cucharada de aceite y saltee la cebolla de 3 a 4 minutos sin dejar de remover o hasta que esté tierna. Vuelva a echar la carne en el wok.

4 Justo antes de servir añada las espinacas y remueva hasta que se ablanden. Sirva inmediatamente.

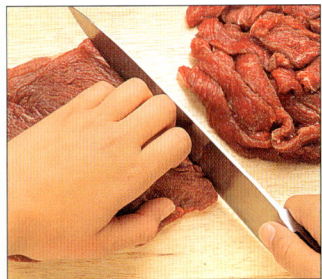

Corte la carne en tiras finas.

Escurra en un colador la carne adobada.

Añada las espinacas a la carne y remueva hasta que se ablanden.

17

San Choy Bau

TIEMPO DE PREPARACIÓN: 25 minutos

+ 10 minutos de remojo

TIEMPO DE COCCIÓN: 8 minutos

Para 4 personas

4 setas chinas secas
aceite para saltear
30 g de almendras picadas
125 g de castañas de agua escurridas
　y finamente picadas
1 zanahoria finamente picada
4 cebollas tiernas finamente picadas
1 cucharada de jengibre fresco rallado
12 hojas de lechuga lavadas y secadas
salsa hoisin para acompañar

Salsa

1 cucharada de salsa de soja ligera
1 cucharada de zumo de lima
1 cucharadita de aceite de sésamo
15 g de cilantro fresco picado
2 cucharadas de menta fresca picada

1 Remoje las setas 10 minutos en agua caliente. Deseche los pies y pique el resto. Resérvelas.

2 Para la salsa: mezcle la salsa de soja, el zumo de lima, el aceite, el cilantro y la menta. Resérvela.

3 Ponga el wok al fuego hasta que esté muy caliente, vierta 1 cucharada de aceite dejándolo caer por las paredes. Saltee las almendras, las castañas de agua, la zanahoria y las cebollas 1 minuto o hasta que los ingredientes estén ligeramente cocidos pero sin llegar a dorarse. Retírelos del wok y resérvelos.

4 Vuelve a calentar el wok y añada 1 cucharada de aceite. Saltee sin dejar de remover la carne de cerdo picada, la raíz del cilantro, el jengibre y las setas a fuego medio alto de 2 a 3 minutos o hasta que la carne cambie de color pero sin que se pase.

5 Añada la salsa y mezcle. Vuelva a poner las hortalizas en el wok y saltéelas de 1 a 2 minutos más o hasta que estén calientes y bien mezcladas. Distribuya la mezcla en las hojas de lechuga, vierta un poco de salsa hoisin y doble las hojas para formar paquetes.

Pique las castañas de agua con un cuchillo afilado.

Quite el pie de las setas y pique finamente el resto.

Saltee el cerdo con el cilantro, el jengibre y las setas.

19

Chorizo salteado con patatas y boniatos

TIEMPO DE PREPARACIÓN: 40 minutos

TIEMPO DE COCCIÓN: 15 minutos

Para 4 personas

500 g de patatas en dados
2 cucharadas de aceite para saltear
500 g de boniatos en dados
6 ristras de chorizo cortado en rodajas diagonales
2 dientes de ajo en láminas finas
1 cebolla roja en gajos
200 g de brécol en ramitos
1 pimiento rojo cortado en tiras cortas
125 ml de tomate concentrado
2 cucharadas de perejil fresco picado

1 Ponga el wok al fuego hasta que esté muy caliente, vierta el aceite dejándolo caer por las paredes. Saltee las patatas y los boniatos a fuego medio hasta que estén tiernos y dorados. Retírelos y escúrralos sobre papel de cocina, colóquelos en una fuente y tápelos para que no se enfríen.

2 Añada el chorizo al wok y saltéelo por tandas a fuego vivo de 3 a 4 minutos o hasta que esté crujiente. Retírelo y déjelo escurrir sobre papel de cocina.

3 Añada el ajo y la cebolla al wok y saltee sin dejar de remover 2 minutos o hasta que la cebolla esté blanda. Añada el brécol y el pimiento y saltee 1 minuto. Agregue el chorizo, el tomate concentrado y remueva. Añada el perejil y sazone al gusto con sal y pimienta negra fresca recién molida. Remueva y sirva sobre las patata y los boniatos.

Pele el boniato y corte la pulpa en dados.

Corte el chorizo en rodajas gruesas diagonales.

Saltee la patata y el boniato en aceite caliente hasta que estén dorados.

Cordero salteado a la mostaza

TIEMPO DE PREPARACIÓN: 15 minutos
TIEMPO DE COCCIÓN: 15 minutos
Para 4 personas

500 g de solomillo de cordero cortado
 en tiras finas
aceite para saltear
2 dientes de ajo picados
250 g de tirabeques
1 cebolla cortada en gajos grandes
20 g de mantequilla
60 g de mostaza en grano
1 cucharada de miel
125 ml de crema de leche
2 cucharadas de coñac (opcional)

1 Ponga el wok al fuego hasta que esté muy caliente, vierta el aceite dejándolo caer por las paredes. Saltee la carne por tandas a fuego vivo. Retírela del wok y resérvela.

2 Caliente 1 cucharada de aceite en el wok y añada el ajo, los tirabeques y la cebolla. Saltee a fuego medio de 3 a 4 minutos o hasta que la cebolla se ablande un poco. Retire la mezcla del fuego y resérvela al calor.

3 Baje el fuego y añada la mantequilla, la mostaza, la miel, la crema de leche y el coñac. Cueza la salsa a fuego lento de 3 a 4 minutos. Añada la carne al wok y la mezcla de tirabeques, y remueva hasta que estén calientes y mezclados con la salsa.

Quite la grasa y los tendones de la carne y córtela en tiras finas.

Saltee la carne por tandas a fuego muy vivo.

Caliente el aceite y añada el ajo, los tirabeques y la cebolla.

Cerdo a la barbacoa salteado con brécol

TIEMPO DE PREPARACIÓN: 25 minutos
TIEMPO DE COCCIÓN: 10 minutos
Para 4-6 personas

1 cucharada de aceite
1 cebolla grande finamente picada
2 zanahorias cortadas en tiritas
200 g de brécol cortado en ramitos
6 cebollas tiernas cortadas en tiras diagonales
1 cucharada de jengibre fresco
   finamente picado
3 dientes de ajo finamente picados
400 g de cerdo a la barbacoa en tiras finas
2 cucharadas de salsa de soja
2 cucharadas de mirin
80 g de brotes de soja

1 Ponga el wok al fuego hasta que esté muy caliente, vierta el aceite dejándolo caer por las paredes. Saltee la cebolla a fuego medio de 3 a 4 minutos o hasta que esté tierna. Añada la zanahoria, el brécol, las cebollas, el jengibre y el ajo, y saltee de 3 a 4 minutos removiendo constantemente.

2 Suba el fuego y añada el cerdo a la barbacoa. Remueva constantemente hasta que la carne se mezcle con las hortalizas y esté caliente. Añada la salsa de soja y el mirin y remueva para que los ingredientes se mezclen entre sí. El wok deberá estar lo suficientemente caliente para que la salsa se reduzca un poco y adquiera la consistencia de glaseado. Añada los brotes de soja y sazone al gusto con sal y pimienta. Sirva inmediatamente.

Pele las zanahorias y córtelas en tiras del mismo tamaño.

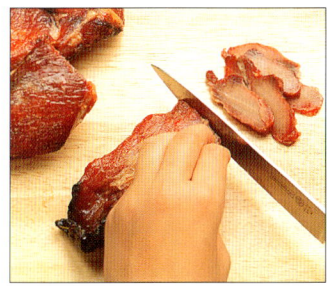

Corte el cerdo en tiras finas.

Añada el cerdo y remueva hasta que esté mezclado con las hortalizas.

25

Cordero satay

TIEMPO DE PREPARACIÓN: 20 minutos

TIEMPO DE COCCIÓN: 15 minutos

Para 4-6 personas

500 g de solomillo de cordero en lonchas finas
aceite para saltear
1 cebolla picada
2 dientes de ajo picados
2 cucharaditas de jengibre fresco rallado
1-2 chiles rojos sin semillas y finamente picados
1 cucharadita de comino molido
1 cucharadita de cilantro molido
125 g de mantequilla de cacahuete granulosa
1 cucharada de salsa de soja
2 cucharadas de zumo de limón
125 ml de crema de coco

1 Ponga el wok al fuego hasta que esté muy caliente, vierta un poco de aceite dejándolo caer por las paredes. Saltee el cordero por tandas a fuego vivo hasta que esté dorado y cocido, añadiendo más aceite si fuese necesario. Retire el cordero del wok y resérvelo.

2 Vuelva a calentar el wok, vierta 1 cucharada de aceite y saltee la cebolla a fuego medio de 2 a 3 minutos hasta que esté tierna y transparente. Añada el ajo, el jengibre, el chile, el comino y el cilantro, y saltee 1 minuto.

3 Añada la mantequilla de cacahuete, la salsa de soja, el zumo de limón, la crema de coco y 125 ml de agua. Lleve lentamente a ebullición. Incorpore el cordero al wok y remueva hasta que esté caliente.

Saltee la cebolla a fuego medio hasta que esté tierna y transparente.

Añada el ajo, el jengibre, el chile, el comino y el cilantro.

Agregue el resto de los ingredientes y lleve a ebullición.

27

Salteado de cerdo y judías verdes

TIEMPO DE PREPARACIÓN: 15 minutos

TIEMPO DE COCCIÓN: 20 minutos

Para 4 personas

400 g de solomillo de cerdo cortado
  en lonchas finas
aceite para saltear
2 cebollas cortadas finas
150 g de judías verdes largas cortadas
  en diagonal
3 dientes de ajo finamente picados
1 cucharada de jengibre fresco finamente
  picado
1 pimiento rojo finamente cortado
6 cebollas tiernas cortadas en rodajas
  diagonales
2 cucharadas de salsa de chile dulce

1 Ponga el wok al fuego hasta que esté muy caliente, vierta 2 cucharaditas de aceite dejándolo caer por las paredes. Saltee el cerdo en 2 tandas a fuego vivo de 3 a 4 minutos o hasta que esté cocido, añadiendo más aceite si fuese necesario. Retire la carne del wok y resérvela.

2 Caliente 1 cucharada de aceite a fuego medio y añada la cebolla. Saltéela de 3 a 4 minutos o hasta que esté ligeramente tierna. Añada las judías verdes y saltéelas de 2 a 3 minutos. Incorpore el ajo, el jengibre, el pimiento y las cebollas y remueva. Suba el fuego y saltee de 3 a 4 minutos.

3 Vuelva a echar la carne en el wok, añada la salsa de chile dulce y remueva hasta que todo esté mezclado. Retire del fuego y sazone con sal y pimienta. Sirva inmediatamente.

*Corte las punta de las judías
y trocéelas en sentido diagonal.*

29

Buey a la miel y a la pimienta negra

TIEMPO DE PREPARACIÓN: 15 minutos

TIEMPO DE COCCIÓN: 10 minutos

Para 4 personas

500 g de redondo de buey en tiras finas
aceite para saltear
2 dientes de ajo picados
1 cebolla cortada en rodajas
300 g de tirabeques
2 cucharadas de miel
2 cucharaditas de salsa de soja
2 cucharadas de salsa de ostras
2 cucharaditas de pimienta negra machacada

1 Ponga el wok al fuego hasta que esté muy caliente, vierta 1 cucharada de aceite dejándolo caer por las paredes. Saltee la carne por tandas a fuego vivo. Retírela y escúrrala sobre papel de cocina.

2 Vuelva a calentar el wok y añada 1 cucharada de aceite. Saltee el ajo, la cebolla y los tirabeques hasta que estén tiernos. Retírelos del wok y resérvelos.

3 Añada al wok la miel, la salsa de soja, la salsa de ostras y la pimienta machacada. Lleve a ebullición, reduzca el fuego y cueza a fuego lento de 3 a 4 minutos o hasta que la salsa se espese un poco.

4 Suba el fuego, vuelva a poner la carne y las hortalizas en el wok y saltee sin dejar de remover de 2 a 3 minutos o hasta que todo esté mezclado y caliente.

Vierta el aceite por las paredes del wok caliente.

Cuando la carne esté cocida retírela del wok y escúrrala sobre papel de cocina.

Añada miel, salsa de soja, salsa de ostras y pimienta y deje hervir.

Cordero salteado con espinacas

TIEMPO DE PREPARACIÓN: 20 minutos
+ 2 horas de marinada
TIEMPO DE COCCIÓN: 20 minutos
Para 4 personas

600 g de solomillo de cordero en lonchas
   diagonales
2 dientes de ajo finamente picados
1 cucharada de jengibre fresco
   finamente picado
½ cucharadita de sal
1 cucharada de comino molido
1 cucharada de cilantro molido
1 cucharadita de canela molida
½ cucharadita de pimienta de Jamaica molida
60 ml de aceite
aceite para saltear
2 cebollas en rodajas finas
500 g de espinacas en tiras
1 cucharada de zumo de lima
2 cucharadas de piñones tostados

1 Mezcle el ajo, el jengibre, la sal, las especias
y el aceite en un recipiente de cristal o cerámica.
Añada el cordero y mezcle. Tape y refrigere
al menos 2 horas.

2 Ponga el wok al fuego hasta que esté muy caliente,
vierta aceite dejándolo caer por las paredes. Saltee
la carne en 3 tandas a fuego vivo de 2 a 3 minutos
o hasta que el cordero esté dorado y justo cocido.
Retire la carne del wok y tápela para mantenerla
caliente.

3 Vuelva a calentar el wok y vierta 1 cucharada
de aceite. Saltee la cebolla a fuego medio alto de
2 a 3 minutos o hasta que esté algo tierna. Añada
las espinacas, cubra y cueza al vapor 1 o 2 minutos
o hasta que se ablanden. Vuelva a poner toda la
carne y los jugos en el wok junto con el zumo de lima
y los piñones tostados. Remueva hasta que todo esté
mezclado y sazone al gusto con sal y pimienta. Sirva
inmediatamente.

*Tueste los piñones sin aceite
en el wok.*

*Saltee el cordero adobado
por tandas a fuego vivo.*

*Tape las espinacas y déjelas cocer
al vapor hasta que estén tiernas.*

Buey al cilantro

TIEMPO DE PREPARACIÓN: 15 minutos

+ 1 o 2 horas de marinada

TIEMPO DE COCCIÓN: 15 minutos

Para 4 personas

500 g de cadera de buey cortada en finas tiras
4 dientes de ajo finamente picados
1 cucharada de jengibre fresco
   finamente picado
25 g de raíces, tallos y hojas de cilantro fresco
   picados
60 ml de aceite
aceite extra para saltear
2 cebollas rojas en rodajas finas
½ pimiento rojo en tiras
½ pimiento verde en tiras
1 cucharada de zumo de lima
25 g extra de hojas de cilantro fresco picado

1 Coloque la carne en un recipiente de cristal o cerámica. Añada el ajo, el jengibre, el cilantro y el aceite. Mezcle, tape y refrigere 1 o 2 horas.

2 Ponga el wok al fuego hasta que esté muy caliente, vierta aceite dejándolo caer por las paredes. Saltee la carne en 3 tandas a fuego vivo de 2 a 3 minutos o hasta que la carne esté cocida. Retírela del wok y manténgala caliente.

3 Caliente 1 cucharada de aceite en el wok, añada la cebolla y saltéela a fuego medio de 3 a 4 minutos o hasta que esté un poco blanda. Añada el pimiento, y saltéelo, removiendo constantemente, de 3 a 4 minutos o hasta que esté ligeramente ablandado.

4 Vuelva a poner la carne en el wok con el zumo de lima y el cilantro extra. Remueva, retire del fuego y sazone al gusto con sal y pimienta negra recién molida. Sirva inmediatamente.

Corte muy finamente las raíces, tallos y hojas del cilantro.

Saltee la carne adobada por tandas hasta que esté cocida.

Añada el pimiento y remueva hasta que esté tierno.

35

Buey salteado con puerro y tirabeques

TIEMPO DE PREPARACIÓN: 25 minutos

TIEMPO DE COCCIÓN: 15 minutos

Para 4 personas

375 g de cadera de buey cortada en tiras
  muy finas
aceite para saltear
2-3 dientes de ajo finamente picados
1 tallo de hierba limonera, sólo la parte blanca,
  finamente picado
1 puerro, sólo la parte blanca, en rodajas finas
2 tallos de apio en rodajas finas
8 cebollas cortadas en diagonal
150 g de tirabeques cortadas por la mitad
100 g de setas orellanas cortadas por la mitad
2 cucharadas de *kecap manis*
2 cucharadas de salsa de chile dulce
2 cucharadas de zumo de lima o limón
2 hojas de lima kaffir a tiras
2 cucharadas de salsa de pescado

1 Ponga el wok al fuego hasta que esté muy caliente, vierta 1 cucharada de aceite dejándola caer por las paredes. Saltee la carne, el ajo y la hierba limonera en 2 o 3 tandas a fuego vivo de 2 a 3 minutos o hasta que la carne esté dorada. Retírela del wok.

2 Vuelva a calentar el wok, añada 1 cucharada de aceite y saltee el puerro, el apio y las cebollas 2 minutos. Añada los tirabeques y las orellanas, y saltee de 1 a 2 minutos o hasta que los ingredientes estén tiernos. Retire las verduras del wok y resérvelas.

3 Añada el *kecap manis*, la salsa de chile y el zumo de lima o limón al wok y lleve a ebullición. Vuelva a echar la carne y las verduras en el wok y saltéelo de 1 a 2 minutos o hasta que esté caliente y mezclado con la salsa. Añada las hojas de lima kaffir y rocíe con la salsa de pescado al gusto. Sirva inmediatamente.

Pique muy finamente la parte blanca de la hierba limonera.

Saltee la carne, el ajo y la hierba limonera hasta que la carne se dore.

37

Pollo y anacardos salteados

TIEMPO DE PREPARACIÓN: 30 minutos

TIEMPO DE COCCIÓN: 20 minutos

Para 4-6 personas

750 g de muslos de pollo cortados en tiras
aceite para saltear
2 claras de huevo ligeramente batidas
60 g de maicena
2 cebollas en rodajas finas
1 pimiento rojo en rodajas finas
200 g de brécol en ramitos pequeños
2 cucharadas de salsa de soja
2 cucharadas de jerez
1 cucharada de salsa de ostras
50 g de anacardos tostados
4 cebollas cortadas en diagonal

1 Ponga el wok al fuego hasta que esté muy caliente, vierta 1 cucharada de aceite dejándolo caer por las paredes. Sumerja ¼ parte de las tiras de pollo por las claras de huevo batido y, a continuación, por la maicena. Añádalas al wok y saltee de 3 a 5 minutos sin dejar de remover o hasta que la carne esté dorada y cocida. Escúrrala sobre papel de cocina y repita con el resto del pollo, calentando el wok cada vez y añadiendo un poquito más de aceite.

2 Vuelva a calentar el wok, añada 1 cucharada de aceite y saltee la cebolla, el pimiento y el brécol a fuego medio de 4 a 5 minutos o hasta que las hortalizas se ablanden un poco. Suba el fuego y añada la salsa de soja, el jerez y la salsa de ostras. Remueva todo con las salsas y lleve a ebullición.

3 Vuelva a echar el pollo al wok y remueva a fuego vivo de 1 a 2 minutos para calentarlo. Compruebe que la carne esté completamente cocida. Sazone al gusto con sal y pimienta recién molida. Mezcle los anacardos y la cebolla con el pollo. Sirva inmediatamente.

Pase las tiras de pollo por la clara de huevo y luego por la maicena.

Saltee el pollo por tandas hasta que esté dorado.

39

Pollo a la miel

TIEMPO DE PREPARACIÓN: 15 minutos

TIEMPO DE COCCIÓN: 25 minutos

Para 4 personas

500 g de muslos de pollo cortados en dados
aceite para saltear
1 clara de huevo ligeramente batida
40 g de maicena
2 cebollas en rodajas finas
1 pimiento verde picado
2 zanahorias en tiritas
100 g de tirabeques troceados
90 g de miel
2 cucharadas de almendras tostadas

1 Ponga el wok al fuego hasta que esté muy caliente, vierta 1 cucharada de aceite dejándolo caer por las paredes. Pase la mitad del pollo por la clara de huevo batida y luego por la maicena. Saltéelo a fuego vivo de 4 a 5 minutos o hasta que esté dorado y cocido. Retírelo del wok y escúrralo sobre papel de cocina. Repita con el resto del pollo.

2 Vuelva a calentar el wok, añada 1 cucharada de aceite y saltee la cebolla cortada a fuego vivo de 3 a 4 minutos o hasta que esté un poco blanda. Añada el pimiento y la zanahoria y saltee, removiendo constantemente de 3 a 4 minutos o hasta que estén tiernos. Añada los tirabeques y saltee 2 minutos.

3 Suba el fuego, añada la miel y mézclela con las hortalizas. Vuelva a echar el pollo en el wok y remueva hasta que esté caliente y mezclado con la miel. Retire del fuego y sazone al gusto con sal y pimienta. Sirva inmediatamente espolvoreado con las almendras.

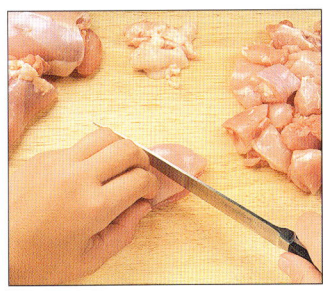

Desgrase el pollo y córtelo a dados.

Pase el pollo por la clara de huevo batida y la maicena.

Saltee el pollo hasta que esté dorado y cocido.

41

Pato al estilo Pekín con cebollas tiernas y salsa de ciruela

TIEMPO DE PREPARACIÓN: 15 minutos
TIEMPO DE COCCIÓN: 15 minutos
Para 2-3 personas

½ pato a la barbacoa chino (unos 500 g)
   deshuesado
1 cucharada de aceite
12 cebollas tiernas cortadas en trozos de 5 cm
1 zanahoria grande cortadas en tiritas
1 cucharada de maicena
1 cucharada de miel
1 cucharada de jerez
1 cucharada de vinagre
60 ml de salsa de ciruela
1 cucharada de salsa de soja
12 crepes para pato de Pekín

1 Deseche el exceso de grasa y un poco de la piel del pato. Córtelo en trozos pequeños. Ponga el wok al fuego hasta que esté muy caliente, añada los trozos de pato y cueza a fuego vivo de 3 a 4 minutos o hasta que la piel comience a estar crujiente. Retíre del wok.

2 Vuelva a calentar el wok, y vierta el aceite dejándolo caer por las paredes. Saltee las cebollas tiernas y la zanahoria a fuego medio de 3 a 4 minutos o hasta que la zanahoria se ablande un poco. Mezcle la maicena con la miel, el jerez, el vinagre, la salsa de ciruela y la salsa de soja. Suba el fuego, vuelva a poner el pato en el wok y mezcle. Cuando el wok esté muy caliente añada la mezcla de la salsa y remueva constantemente de 2 a 3 minutos para que el pato y las hortalizas queden recubiertas. La salsa comenzará a caramelizarse y se reducirá hasta formar un glaseado.

3 Retire el wok del fuego. Sirva el pato salteado con los crepes, que habrá cocinado al vapor de 3 a 4 minutos o bien calentado en el microondas. Para servir ponga una pequeña cantidad de la mezcla de pato en el centro de cada crepe y enróllela.

Al comprar el pato pida que
lo deshuesen.

Añada la salsa y mezcle hasta que
se caramelice.

Pollo salteado con limón y alcaparras

TIEMPO DE PREPARACIÓN: 15 minutos

TIEMPO DE COCCIÓN: 15 minutos

Para 4 personas

800 g de pechuga de pollo cortada en trozos pequeños
aceite de oliva para saltear
1 cebolla roja cortada en gajos finos
25 g de mantequilla
la cáscara de un limón cortada en tiras finas
2 cucharadas de alcaparras mini enjuagadas y escurridas
80 ml de zumo de limón
15 g de albahaca fresca cortada a tiras

1 Ponga el wok al fuego hasta que esté muy caliente, vierta 2 cucharadas de aceite dejándolo caer por las paredes laterales. Añada la cebolla roja y saltéela hasta que empiece a estar blanda y dorada. Retírela del wok y resérvela.

2 Vuelva a calentar el wok, vierta 2 cucharadas de aceite y la mitad de la mantequilla, y saltee el pollo en 2 tandas hasta que esté dorado, añadiendo más aceite y mantequilla cada vez. Vuelva a poner el pollo en el wok con la cebolla.

3 Añada la cáscara de limón, las alcaparras y el zumo de limón. Remueva y saltee hasta que todos los ingredientes estén calientes. Añada la albahaca cortada a tiras y sazone al gusto con sal y pimienta negra. Esta plato es perfecto para acompañar con puré de patatas cremoso.

Pele la cebolla roja, córtela por la mitad y luego en gajos pequeños.

Pele la cáscara de limón en tiras finas con un acanalador de cítricos.

Saltee la cebolla hasta que esté dorada y tierna.

Pollo con judías y espárragos

TIEMPO DE PREPARACIÓN: 25 minutos

+ 15 minutos de adobo

TIEMPO DE COCCIÓN: 15 minutos

Para 4 personas

375 g de pechuga de pollo cortada en tiras finas
1 tallo de hierba limonera, sólo la parte blanca, picado
50 g de jengibre fresco pelado y picado
2-3 chiles rojos pequeños sin semillas y picados
1 cucharadita de lima kaffir rallada o ralladura de lima
2-3 dientes de ajo picados
½ cucharadita de pimienta negra molida
2 cucharadas de aceite
250 g de judías verdes cortadas en trozos pequeños
1 tallo de apio cortado en trozos pequeños
185 g de tirabeques cortados por la mitad
200 g de espárragos trigueros cortados en trozos pequeños
270 ml de crema de coco enlatada
2 cucharadas de salsa de chile dulce
20 hojas pequeñas de albahaca fresca

1 Ponga en el robot la hierba limonera, el jengibre, el chile, la ralladura de lima, el ajo, la pimienta negra y el aceite, y triture hasta que se forme una pasta. Mézclela con la carne en un recipiente de cristal o cerámica, tape y refrigere al menos 15 minutos.

2 Escalde unos segundos las judías, el apio, los tirabeques y los espárragos en una cacerola con agua hirviendo. Escúrralos y sumérjalos en agua muy fría. Escúrralos de nuevo.

3 Ponga el wok al fuego hasta que esté muy caliente y saltee el pollo por tandas a fuego vivo de 3 a 4 minutos, o hasta que la carne esté cocida. Remueva constantemente para que la pasta no se queme. Añada las hortalizas, la crema de coco, la salsa de chile dulce al gusto y las hojas de albahaca. Saltee hasta que todo esté caliente. Sirva acompañado de arroz o fideos.

Rallar la corteza le resultará más fácil si cubre el rallador con papel sulfurizado.

Triture las hierbas y el aceite hasta que se forme una pasta espesa.

47

Pato salteado a la naranja

TIEMPO DE PREPARACIÓN: 25 minutos
TIEMPO DE COCCIÓN: 15 minutos
Para 4 personas

1 pato a la barbacoa chino deshuesado
  (aproximadamente 1 kg)
1 cucharada de aceite
1 cebolla cortada a rodajas
2 dientes de ajo picados
2 cucharaditas de jengibre fresco rallado
1 cucharada de ralladura de naranja
170 ml de zumo de naranja
¼ taza de caldo de pollo
2 cucharaditas de azúcar moreno
2 cucharaditas de maicena
1,5 kg de bok choy con las hojas separadas
1 naranja cortada en gajos

1 Corte el pato en trozos. Reserve y corte en tiras finas parte de la piel crujiente para decorar. Ponga el wok al fuego hasta que esté muy caliente, vierta el aceite y déjelo caer por las paredes. Saltee la cebolla 3 minutos o hasta que esté tierna. Añada el ajo y el jengibre, sin dejar de remover 1 o 2 minutos. Vierta mezclados el zumo de naranja, la ralladura, el caldo y el azúcar. Lleve a ebullición.

2 Mezcle la maicena con un poco de agua para formar una pasta. Viértala en el wok removiendo hasta que hierva y espese. Agregue la carne y deje cocer a fuego lento de 1 a 2 minutos hasta que todo esté caliente. Retírela del wok y resérvela al calor.

3 Agregue el bok choy al wok con 2 cucharadas de agua. Cubra y cueza al vapor hasta que esté tierno. Póngalo en una fuente, coloque encima el pato y decore con las tiras de piel de pato bien crujientes.

Corte la naranja hacia abajo para eliminar las pepitas y la membrana.

Parta la naranja en gajos entre la membrana y la pulpa.

Al comprar el pato pida que lo deshuesen.

49

Pollo salteado con pasta

TIEMPO DE PREPARACIÓN: 20 minutos

TIEMPO DE COCCIÓN: 15 minutos

Para 4-6 personas

500 g de pechuga de pollo cortada en tiras
  finas
270 g de tomates secados al sol en aceite
2 dientes de ajo picados
125 ml de crema de leche
2 cucharadas de albahaca fresca cortada
  en tiras
400 g de macarrones hervidos
2 cucharadas de piñones tostados

1 Escurra los tomates y reserve el aceite. Córtelos
en tiras finas.

2 Ponga el wok al fuego hasta que esté muy caliente,
vierta 1 cucharada del aceite reservado dejándolo
caer por las paredes. Saltee la carne por tandas,
añadiendo más aceite si fuese necesario.

3 Vuelva a poner todo el pollo en el wok y añada
el ajo, los tomates secados al sol y la crema. Cueza
a fuego lento de 4 a 5 minutos.

4 Añada la albahaca, la pasta y caliente. Sazone al gusto
con sal y pimienta. Decore con los piñones.

*Tueste los piñones en el wok
sin aceite.*

*Escurra los tomates secados al sol
y córtelos en tiras finas.*

*Ponga el pollo en el wok con el ajo,
los tomates secados al sol y la crema.*

51

Pollo salteado con sésamo y puerros

TIEMPO DE PREPARACIÓN: 15 minutos

TIEMPO DE COCCIÓN: 16 minutos

Para 4-6 personas

800 g de carne de pollo cortada en tiras diagonales
2 cucharadas de semillas de sésamo
1 cucharada de aceite
2 cucharaditas de aceite de sésamo
1 puerro, sólo la parte blanca, en juliana
2 dientes de ajo picados
2 cucharadas de salsa de soja
1 cucharada de mirin
2 cucharadita de azúcar

1 Ponga el wok al fuego hasta que esté muy caliente, añada las semillas de sésamo y tuéstelas a fuego vivo hasta que estén doradas. Retírelas del wok.

2 Vuelva a calentar el wok, vierta los aceites dejándolos caer por las paredes. Saltee las tiras de pollo en 3 tandas a fuego vivo y mueva hasta que esté cocido. Vuelva a calentar el wok antes de cada tanda. Vuelva a poner todo el pollo en el wok.

3 Añada el puerro en juliana y el ajo, y cueza de 1 a 2 minutos o hasta que el puerro esté blando y dorado. Compruebe que esté cocido, si no lo estuviera, baje el fuego y cuézalo tapado 2 minutos o hasta que esté completamente cocido.

4 Añada al wok la salsa de soja, el mirin, el azúcar y las semillas de sésamo tostadas y remueva. Sazone al gusto con sal y pimienta negra, y sirva inmediatamente. Este plato es delicioso acompañado de pasta.

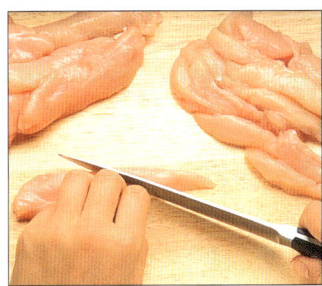

Corte el pollo en tiras finas diagonales.

Corte la parte blanca del puerro en juliana.

Tueste las semillas de sésamo hasta que estén doradas.

Ensalada templada de gambas con vieiras

TIEMPO DE PREPARACIÓN: 30 minutos

+ 10 minutos de marinada

TIEMPO DE COCCIÓN: 15 minutos

Para 4 personas

24 gambas crudas peladas, sin el conducto
   intestinal y las colas intactas
20 vieiras limpias
2 cucharaditas de mezcla de 5 especias
1-2 chiles rojos finamente picados
2-3 dientes de ajo picados
2 cucharadas de aceite
2 cucharaditas de aceite de sésamo
200 g de espárragos trigueros cortados en trozos
150 g de tirabeques
125 g de hojas de roqueta
2 cucharadas de salsa de soja ligera
2 cucharadas de zumo de limón
2 cucharadas de mirin
1 cucharada de aceite
1 cucharada de miel
6 cebollas tiernas picadas
20 g de hojas de cilantro picadas
1 cucharada de semillas de sésamo tostado

1 Mezcle las 5 especias, el chile, el ajo y los aceites
en una cuenco grande de cristal o de cerámica. Añada
las gambas y las vieiras y remueva. Tape y refrigere
al menos 10 minutos.

2 Escalde unos segundos los espárragos y los tirabeques
en agua hirviendo. Escúrralos y sumérjalos en agua
fría, y escúrralos de nuevo. Corte las hojas de la roqueta
si fueran demasiado grandes. Distribuya los espárragos,
los tirabeques y la roqueta en 4 platos.

3 Vierta la salsa de soja, el zumo de limón, el mirin,
el aceite y la miel en un cuenco pequeño. Remueva
para mezclarlos.

4 Ponga el wok al fuego hasta que esté muy caliente,
vierta 1 cucharada de aceite dejándolo caer por
las paredes. Saltee las gambas y las vieiras junto
con las cebollas a fuego vivo en 3 o 4 tandas y de
3 a 4 minutos o hasta que estén cocidas. Retírelas
del wok y resérvelas.

5 Añada al wok la salsa y el cilantro y lleve a ebullición.
Deje cocer a fuego vivo de 1 a 2 minutos. Vuelva
a poner el marisco en el wok y remueva. Divida
la mezcla en 4 platos
y espolvoree por encima
con las semillas de sésamo.

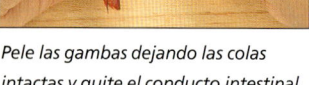

*Pele las gambas dejando las colas
intactas y quite el conducto intestinal.*

Limpie la carne de las vieiras.

Calamares marinados al chile

TIEMPO DE PREPARACIÓN: 10 minutos

+ 2 o 3 horas de marinada

TIEMPO DE COCCIÓN: 15 minutos

Para 4 personas

500 g de anillas de calamar

1 cucharada de jengibre fresco finamente
    picado

2-3 cucharaditas de chile rojo finamente picado

3 dientes de ajo picados

60 ml de aceite

2 cebollas cortadas en rodajas finas

500 g de bok choy cortado en trozos

1 Lave los calamares y séquelos con papel
de cocina. Córtelos en anillas de 1 cm y colóquelas
en un cuenco poco profundo de cristal o cerámica.
Mezcle el jengibre, el chile, el ajo y el aceite.
Vierta la mezcla sobre los calamares y remueva.
Tape y refrigere de 2 a 3 horas.

2 Ponga el wok sobre el fuego hasta que esté
muy caliente, vierta un poco de aceite dejándolo
caer por las paredes. Saltee los calamares a fuego
vivo en 3 tandas de 1 a 2 minutos, reservando
la marinada. Retírelos del wok en cuanto estén
blancos. No los cueza demasiado o se pondrán
duros. Retire los calamares del wok y resérvelos.

3 Vierta la marinada reservada en el wok y lleve
a ebullición. Añada la cebolla y saltéela a fuego
medio de 3 a 4 minutos o hasta que esté un poco
blanda. Añada el bok choy y cuézalo al vapor
con el wok tapado 2 minutos o hasta que
esté un poco blando. Vuelva a echar los calamares
en el wok y mezcle. Sazónelos y retírelos del wok.
Sirva inmediatamente.

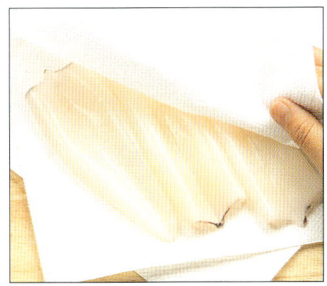
*Lave los calamares y séquelos
con papel de cocina.*

*Córtelos en anillas con un cuchillo
afilado.*

*Retírelos en cuanto estén blancos
o quedarán duros.*

57

Pez espada con bok choy

TIEMPO DE PREPARACIÓN: 20 minutos

TIEMPO DE COCCIÓN: 10 minutos

Para 4 personas

500 g de pez espada cortado en trozos
    pequeños
2 cucharadas de pimienta negra recién molida
aceite para saltear
3 dientes de ajo cortados en rodajas finas
1 cebolla en rodajas
1 kg de bok choy sin hojas
100 g de setas *shiitake* en rodajas
2 cucharadas de salsa hoisin
2 cucharadas de vino de arroz
1 cucharada de salsa de ostras
1 cucharada de semillas de sésamo tostadas
1 cucharadita de aceite de sésamo

1 Recubra el pez espada con pimienta recién molida
y sacúdalo para eliminar el exceso.

2 Ponga el wok al fuego hasta que esté muy caliente,
vierta 2 cucharadas de aceite dejándolo caer por
las paredes. Saltee el pez espada por tandas a fuego
vivo hasta que esté tierno. No lo cocine en exceso
o se desmenuzará. Retírelo y manténgalo al calor.

3 Vuelva a calentar el wok, vierta 1 cucharada
de aceite y saltee el ajo hasta que esté crujiente
y dorado. Añada la cebolla y saltéela hasta que esté
dorada. Añada el bok choy y las setas, y cocine hasta
que las hojas estén blandas. Mezcle la salsa hoisin,
el vino de arroz, la salsa de ostras y la salsa de soja
en una jarra. Vierta la mezcla en el wok y caliéntela.

4 Vuelva a poner el pez espada en el wok y mézclelo
con la salsa. Sírvalo espolvoreado con las semillas
de sésamo y el aceite rociado por encima.

*Corte el pez espada en trozos muy
pequeños.*

*Pase un trapo húmedo por las setas
para limpiarlas y córtelas en rodajas.*

*Recubra el pez espada con pimienta
negra y sacuda el exceso.*

59

Gambas con tirabeques al estilo Sichuán

TIEMPO DE PREPARACIÓN: 30 minutos

+ 20 minutos de marinada

TIEMPO DE COCCIÓN: 20 minutos

Para 4 personas

2 cucharaditas de pimienta de Sichuán
750 g de gambas crudas peladas, sin
   el conducto intestinal y las colas intactas
2 cucharadas de jengibre fresco rallado
3 dientes de ajo finamente picados
2 cucharadas de vino de arroz chino
   o jerez seco
aceite para saltear
2 huevos ligeramente batidos
½ pimiento rojo cortado en tiras
½ pimiento verde cortado en tiras
4 cebollas tiernas cortadas en trozos
100 g de tirabeques
½ cucharadita de sal
75 g de cacahuetes tostados sin sal
   groseramente picados
50 g de brotes de tirabeques

1 Ponga el wok al fuego hasta que esté muy caliente y tueste la pimienta de Sichuán hasta que esté fragante. Retírela del wok y macháquela en un mortero o en un molinillo para especias.

2 Mezcle las gambas con la pimienta de Sichuán, el jengibre, el ajo y el vino en un cuenco de cristal o cerámica. Tape y refrigere 20 minutos.

3 Ponga el wok al fuego hasta que esté muy caliente, vierta 1 ½ cucharadas de aceite dejándolo caer por las paredes. Pase 3 o 4 gambas por el huevo batido y saltéelas 1 minuto o hasta que cambien de color y estén cocidas. Retírelas del wok. Siga los mismos pasos con el resto de las gambas. Retire las gambas del wok.

4 Añada al wok los pimientos, las cebollas tiernas, los tirabeques y la sal. Saltéelos 2 minutos o hasta que las hortalizas estén crujientes y tiernas.

5 Vuelva a echar las gambas y los cacahuetes en el wok y remueva. Sirva inmediatamente sobre un lecho de brotes de tirabeques.

Pele las gambas dejando las colas intactas y quite el conducto intestinal.

Tueste la pimienta de Sichuán en un wok caliente hasta que esté fragante.

Machaque la pimienta de Sichuán en el mortero.

61

Ensalada templada de salmón ahumado, judías y tomate

TIEMPO DE PREPARACIÓN: 20 minutos

TIEMPO DE COCCIÓN: 15 minutos

Para 4 personas

300 g de salmón ahumado cortado
  en tiras finas
aceite de oliva para saltear
6 rebanadas de pan blanco en dados
3 dientes de ajo picados
6 cebollas tiernas en rodajas
300 g de judias blancas enlatadas,
  escurridas y enjuagadas
4 tomates pera picados
175 g de lechuga iceberg a tiras
2 cucharadas de eneldo fresco picado
2 cucharadas de zumo de limón
2 cucharadas de aceite de oliva extra

1 Caliente el wok hasta que humee, vierta 80 ml de aceite dejándolo caer por las paredes. Saltee el pan a fuego vivo hasta que esté crujiente y dorado. Escúrralo sobre papel de cocina.

2 Vuelva a calentar el wok, vierta 1 cucharada de aceite y saltee el ajo y 3 cebollas 2 minutos. Retírelas del wok.

3 Vuelva a calentar el wok y saltee el salmón hasta que esté algo crujiente. Añada las judías y el tomate, cocine de 2 a 3 minutos o hasta que todo esté caliente. Retire del fuego y añada rápidamente la lechuga, el eneldo y la mezcla de cebolla y ajo.

4 Bata el zumo de limón y el aceite de oliva extra y viértalo sobre la ensalada. Añada los picatostes y remueva. Decore con el resto de la cebolla tierna.

Fría los picatostes hasta que estén dorados y crujientes.

62

Calamares a la sal y pimienta

TIEMPO DE PREPARACIÓN: 40 minutos
+ 20 minutos de marinado
TIEMPO DE COCCIÓN: 10 minutos
Para 4 personas

500 g de cuerpos de calamar
80 ml de aceite
4 dientes de ajo finamente picados
½ cucharadita de azúcar
2 cucharaditas de sal marina
1 cucharadita de pimienta negra finamente
  molida
150 g de hojas de espinacas mini
100 g de tomates cereza cuarteados
2 cucharadas de zumo de lima
gajos de lima para decorar

1 Corte los calamares por la mitad en sentido longitudinal y ábralos. Lávelos bajo el agua del grifo fría y séquelo con papel de cocina. Ponga los calamares sobre una tabla de cortar con la parte interna hacia arriba. Haga cortes con un cuchillo formando un dibujo romboidal. Corte los calamares en trozos de unos 5 x 3 cm. Mezcle los calamares, el aceite, el ajo, el azúcar y la mitad de la sal y la pimienta, tápelos y refrigérelos 20 minutos.

2 Coloque las hojas de espinacas y los tomates en una fuente grande.

3 Ponga el wok al fuego hasta que esté muy caliente y saltee los calamares a fuego vivo en 3 o 4 tandas removiendo constantemente, 1 o 2 minutos o hasta que se vuelvan blancos y se abarquillen. Caliente el wok cada vez que añada una nueva tanda de calamares.

4 Vuelva a poner los calamares en el wok junto con el zumo de lima y el resto de la sal y la pimienta. Remueva hasta que los ingredientes estén calientes. Colóquelos sobre las espinacas y decore con los gajos de lima. Sirva inmediatamente.

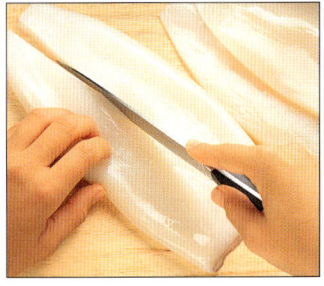
Corte los calamares por la mitad en sentido longitudinal y ábralos.

Entállelos formando rombos.

Enrolle el calamar y córtelo en trozos.

65

Salteado de marisco

TIEMPO DE PREPARACIÓN: 20 minutos

TIEMPO DE COCCIÓN: 15 minutos

Para 4-6 personas

200 g de calamares

350 g de gambas crudas peladas, sin el conducto intestinal y las colas intactas

250 g de filetes de pescado blanco firme cortado en tiras

250 g de vieiras limpias

aceite de oliva para saltear

2 cebollas en rodajas finas

3 dientes de ajo finamente picados

2 cucharadas de jengibre fresco finamente rallado

1 pimiento verde en tiras finas

5 cebollas tiernas en rodajas diagonales

2 cucharadas de mirin

½ cucharadita de sal

1 Lave y seque los calamares y córtelos en anillas. Ponga el wok al fuego hasta que esté caliente, vierta 2 cucharaditas de aceite dejándolo caer por las paredes. Saltee las gambas y las anillas de calamar por tandas a fuego vivo hasta que cambien de color. Retírelas del wok.

2 Vuelva a calentar el wok, añada 2 cucharaditas de aceite y saltee las tiras de pescado y las vieiras hasta que estén cocidas. No las cocine en exceso o se romperán. Retírelas del wok.

3 Vuelva a calentar el wok, vierta 1 cucharada de aceite y saltee la cebolla a fuego medio alto de 3 a 4 minutos o hasta que esté tierna. Añada el ajo, el jengibre, el pimiento y las cebollas tiernas. Suba el fuego y cueza removiendo constantemente de 3 a 4 minutos.

4 Añada el mirin y la sal al wok junto con un poco de pimienta recién molida y remueva hasta que los ingredientes estén mezclados. Vuelva a echar el marisco al wok y remueva hasta que esté caliente.

Pele las gambas dejando las colas intactas y quite el conducto intestinal.

Lave y seque los calamares y córtelos en anillas.

Saltee las gambas y las anillas de calamar hasta que cambien de color.

Tofu macerado con hortalizas

TIEMPO DE PREPARACIÓN: 20 minutos

+ 2 horas de marinada

TIEMPO DE COCCIÓN: 20 minutos

Para 4 personas

500 g de tofu firme corte en dados de 2 cm
80 ml de *shoyu* (salsa de soja japonesa)
60 ml de mirin
3 dientes de ajo finamente picados
2 cucharadas de jengibre fresco
   finamente picado
aceite para saltear
1 cebolla en rodajas finas
2 zanahorias cortadas en tiras
1 pimiento rojo en tiras finas
150 g de tirabeques en tiras finas

1 Mezcle el tofu con la salsa de soja, el mirin, el ajo y el jengibre en un cuenco de cristal o cerámica. Tápelo y refrigere 2 horas.

2 Ponga el wok al fuego hasta que esté muy caliente, vierta 1 cucharada de aceite dejándolo caer por las paredes. Escurra el tofu y reserve el líquido. Saltee el tofu en 3 tandas a fuego vivo hasta que esté dorado. Caliente 1 cucharada de aceite antes de cada tanda. Retire todo el tofu del wok y escúrralo sobre papel de cocina.

3 Vuelva a calentar el wok, vierta 1 cucharada de aceite y saltee la cebolla, la zanahoria y el pimiento a fuego medio alto de 3 a 4 minutos o hasta que las hortalizas estén tiernas. Añada los tirabeques y cueza 3 minutos.

4 Suba el fuego al máximo y añada el líquido de la maceración, removiéndolo con las hortalizas hasta que estén mezcladas y la salsa hierva. Vuelva a poner el tofu en el wok y remueva hasta que todo esté mezclado y el tofu caliente. Sazone al gusto con sal y pimienta y sirva inmediatamente.

Escurra el tofu y córtelo en dados pequeños.

Mezcle el tofu, la salsa de soja, el mirin, el ajo y el jengibre.

69

Hortalizas salteadas

TIEMPO DE PREPARACIÓN: 25 minutos

TIEMPO DE COCCIÓN: 15 minutos

Para 4 personas

2 cebollas cortadas en gajos finos

3 dientes de ajo finamente picados

1 cucharada de jengibre fresco
   finamente picado

1 pimiento rojo cortado en tiras finas

200 g de brécol cortado en trozos finos

100 g de mazorquitas de maíz

100 g de tirabeques en tiras

1 cucharada de salsa de soja

1 cucharada de salsa hoisin

2 cucharaditas de azúcar

6 cebollas tiernas cortadas diagonalmente
   en tiras grandes

1 cucharada de aceite

1 Ponga el wok al fuego hasta que esté muy caliente, vierta el aceite dejándolo caer por las paredes. Saltee la cebolla a fuego vivo de 3 a 4 minutos o hasta que esté blanda. Añada el ajo, el jengibre y las hortalizas, y remueva para mezclarlos. Saltee de 2 a 3 minutos. Añada 1 cucharada de agua, tape y cueza de 1 a 2 minutos.

2 Suba el fuego y añada la salsa de soja, la salsa hoisin, el azúcar y las cebollas tiernas removiendo constantemente hasta que los ingredientes estén mezclados y recubran las hortalizas. Sazone al gusto con sal y pimienta antes de servir.

Pele las cebollas y córtelas en gajos finos.

Pele un trozo de jengibre y píquelo finamente hasta conseguir 1 cucharada.

Corte diagonalmente las cebollas tiernas en trozos grandes.

71

Hortalizas y setas asiáticas salteadas

TIEMPO DE PREPARACIÓN: 20 minutos

TIEMPO DE COCCIÓN: 5 minutos

Para 4 personas

20 tallos de brécol chino
4 bok choy
100 g de setas *shimeji* o *enoki*
100 g de setas *shiitake*
1 cucharada de salsa de soja
2 cucharaditas de azúcar de palma rallado
1 cucharada de aceite
4 cebollas tiernas cortadas en trozos pequeños
50 g de jengibre fresco cortado en tiras finas
1-2 chiles pequeños sin semillas y finamente picados
2-3 dientes de ajo picados
125 g de tirabeques cortados por la mitad
1-2 cucharaditas de salsa para condimentar

1 Retire las hojas exteriores y duras tanto del brécol chino como del bok choy. Córtelas en trozos de 4 cm incluidos los tallos. Lávelas, escúrralas y séquelas. Pase un paño húmedo por las setas y recorte los tallos. Corte las setas *shiitake* en rodajas gruesas.

2 Mezcle la salsa de soja y el azúcar de palma con 60 ml de agua y reserve.

3 Ponga el wok al fuego hasta que esté muy caliente, vierta el aceite dejándolo caer por las paredes. Saltee las cebollas tiernas, el jengibre, el chile y el ajo a fuego lento 30 segundos, sin que lleguen a dorarse. Suba el fuego al máximo y añada el brécol chino, el bok choy y los tirabeques. Saltee de 1 a 2 minutos o hasta que las hortalizas se ablanden.

4 Añada las setas y la salsa de soja. Saltee a fuego vivo 1 o 2 minutos o hasta que las setas y la salsa estén calientes. Rocíe con la salsa para condimentar y sirva inmediatamente.

Separe con cuidado las setas shimeji.

Corte las setas shiitake *en rodajas gruesas.*

Pele el jengibre y córtelo en tiras finas.

72

Hortalizas primaverales con mantequilla de hierbas

TIEMPO DE PREPARACIÓN: 20 minutos
TIEMPO DE COCCIÓN: 10 minutos
Para 6 personas como acompañamiento

200 g de espárragos cortados en trozos
   pequeños
115 g de mazorquitas de maíz cortadas
   por la mitad
250 g de tirabeques
250 g de judías verdes cortadas por la mitad
300 g de zanahorias cortadas por la mitad
   a lo largo
2 dientes de ajo picados
50 g de mantequilla
15 g de perejil fresco picado
15 g de cebollinos frescos finamente picados
15 g de albahaca fresca cortada a tiras
2 cucharadas de aceite de oliva ligero

1 Ponga el wok al fuego hasta que esté muy caliente, vierta el aceite y déjelo caer por las paredes. Saltee todas las hortalizas a fuego vivo 5 minutos. Tape y cueza a fuego lento 2 minutos o hasta que estén tiernas.

2 Añada el ajo picado, la mantequilla y todas las hierbas frescas, y remueva hasta que la mantequilla se derrita y las hierbas estén ligeramente blandas. Sazone al gusto con sal y pimienta y sirva inmediatamente.

Pique el perejil muy finamente con un cuchillo afilado.

Saltee los espárragos, los tirabeques, las mazorcas, las judías y la zanahoria.

Añada ajo, mantequilla y las hierbas, y remueva hasta que estén tiernas.

75

Salteado de setas silvestres

TIEMPO DE PREPARACIÓN: 30 minutos
TIEMPO DE COCCIÓN: 5 minutos
Para 4 personas

20 g de mantequilla
1 cucharada de aceite
2 dientes de ajo picados
1 cucharadita de comino molido
1 cucharadita de cilantro molido
¼ cucharadita de pimentón dulce
750 g de setas variadas limpias y preparadas
2 cucharadas de jerez seco
4 cebollas tiernas en rodajas
15 g de albahaca fresca en tiras
2 cucharadas de perejil picado

1 Caliente el wok hasta que esté bien caliente, vierta la mantequilla y deje caer el aceite por las paredes. Saltee el ajo, el comino, el cilantro y el pimentón de 1 a 2 minutos o hasta que estén fragantes. Añada las setas y saltéelas 2 minutos sin dejar de remover.

2 Añada el jerez y lleve a ebullición. Tape y cueza 30 segundos. Mezcle las cebollas tiernas y las hierbas con las setas.

Prepare y limpie las setas; corte las más grandes por la mitad.

Saltee el ajo, el comino, el cilantro y el pimentón hasta que estén fragantes.

Añada el jerez y las setas, tape y deje cocer 2 minutos.

77

Tempeh picante

TIEMPO DE PREPARACIÓN: 15 minutos

TIEMPO DE COCCIÓN: 10 minutos

Para 4 personas

250 g de tempeh (queso de soja fermentado)
1 cebolla cortada en rodajas finas
155 g de espárragos cortados en trozos
  pequeños
1 zanahoria grande cortada en tiritas
125 g de tirabeques cortados en trozos
425 g de mazorquitas de maíz enlatadas
  y escurridas
2 cucharadas de salsa de chile dulce
2 cucharadas de *kecap manis*
2 cucharadas de jerez seco
aceite para saltear

1 Escurra el tempeh, séquelo con papel de cocina
y córtelo en trozos pequeños.

2 Ponga el wok al fuego hasta que esté muy caliente,
vierta 2 cucharadas de aceite dejándolo caer por
las paredes. Saltee el tempeh por tandas hasta
que esté crujiente. Retírelo del wok y resérvelo.

3 Vuelva a calentar el wok, vierta un poco de aceite
si fuese necesario y saltee la cebolla 1 minuto.
Añada los espárragos, la zanahoria y los tirabeques,
y saltee de 2 a 3 minutos, o hasta que las hortalizas
estén tiernas.

4 Vuelva a poner el tempeh frito en el wok y añada
las mazorquitas, la salsa de chile dulce, el *kecap
manis* y el jerez. Lleve a ebullición y cueza a fuego
lento 2 minutos. Remueva hasta que los ingredientes
estén mezclados y calientes, y a continuación, sirva.

*Pele la zanahoria y córtela en tiras
cortas.*

*Escurra el tempeh, séquelo con papel
de cocina y córtelo en trozos pequeños.*

*Saltee los trozos de tempeh en el aceite
caliente hasta que estén crujientes.*

79

BLUME

Título original:
Stir Fry

Traducción:
Clara E. Serrano Pérez

Revisión y adaptación de la edición en lengua española:
Ana María Pérez Martínez
Especialista en temas culinarios

Coordinación de la edición en lengua española:
Cristina Rodríguez Fischer

Primera edición en lengua española 2004

© 2004 Naturart, S.A. Editado por Blume
Av. Mare de Déu de Lorda, 20
08034 Barcelona
Tel. 93 205 40 00 Fax 93 205 14 41
E-mail: info@blume.net
© 2004 Murdoch Books, Sídney (Australia)

I.S.B.N.: 84-8076-534-8

Impreso en China

CONSULTE EL CATÁLOGO DE PUBLICACIONES *ON-LINE*
INTERNET: HTTP://WWW.BLUME.NET